Landschaften

Hans Thoma

Alpha Editions

This edition published in 2022

ISBN : 9789356708556

Design and Setting By
Alpha Editions
www.alphaedis.com
Email - info@alphaedis.com

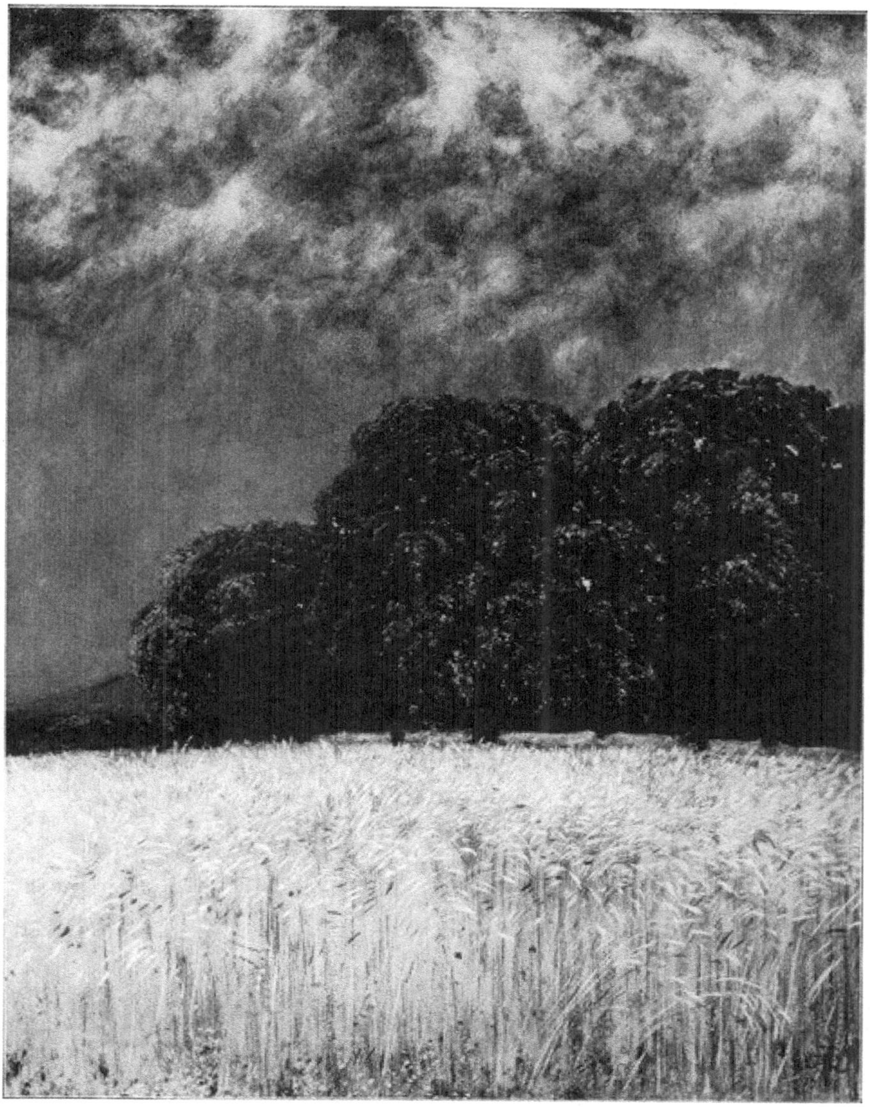

Stille vor dem Sturm

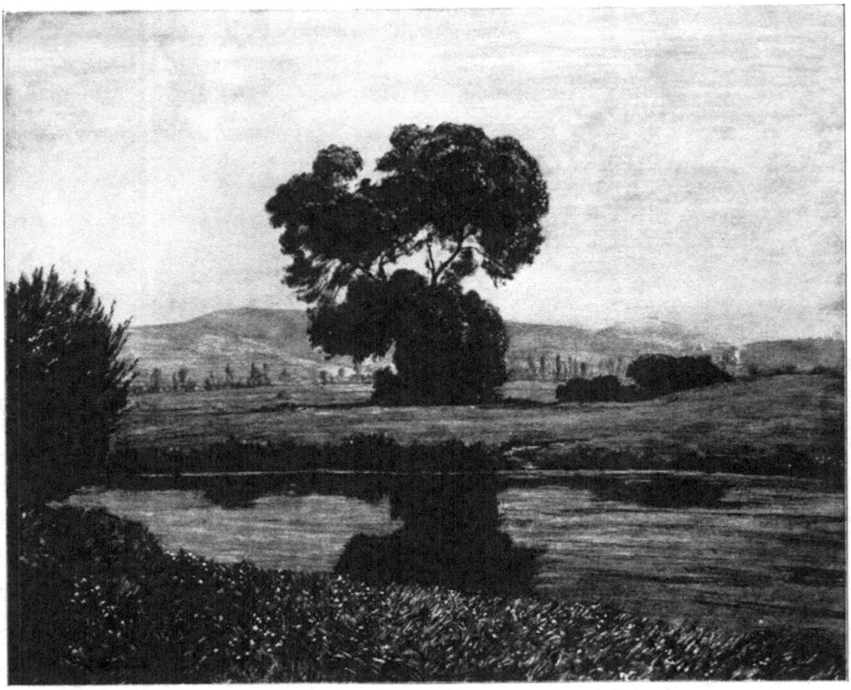

Die junge Donau

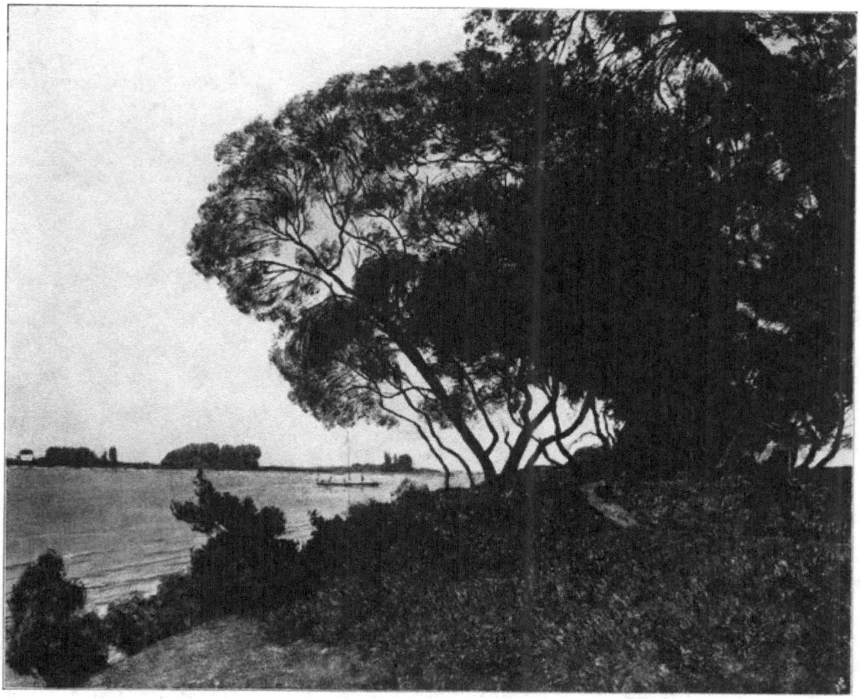

Weiden am Rhein

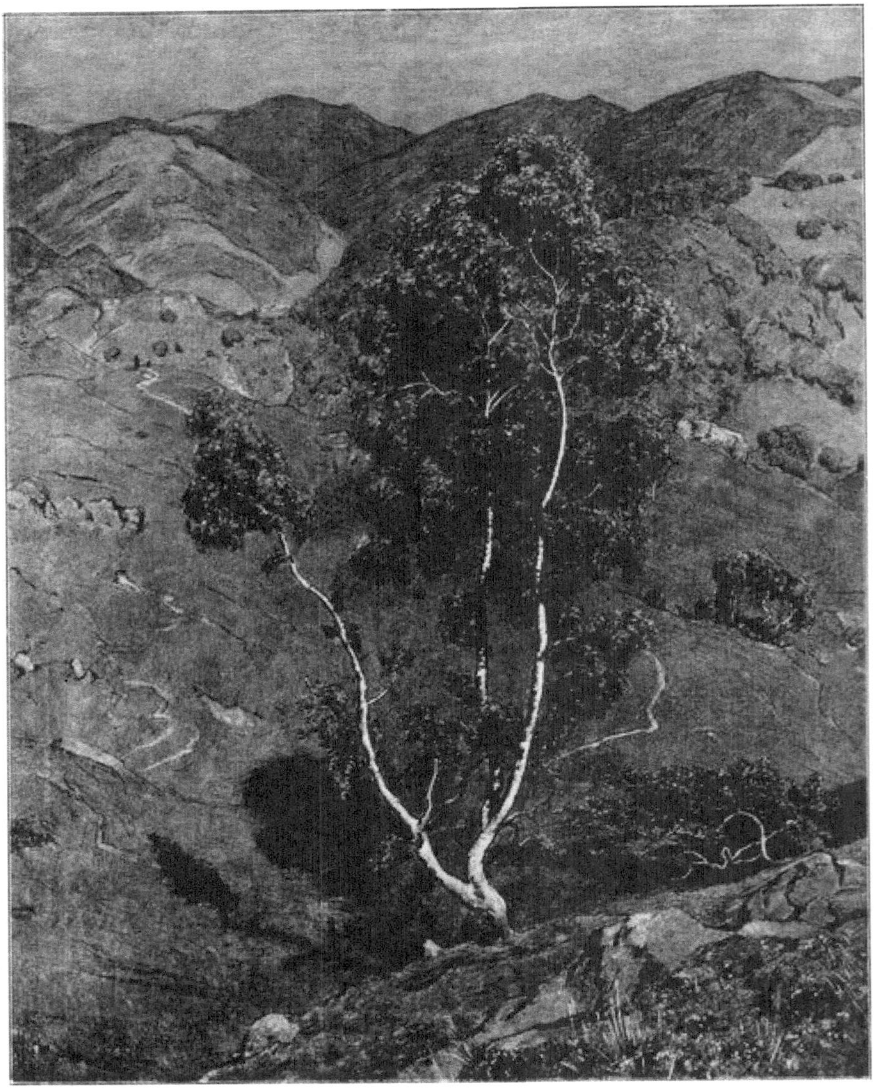

Die Birke

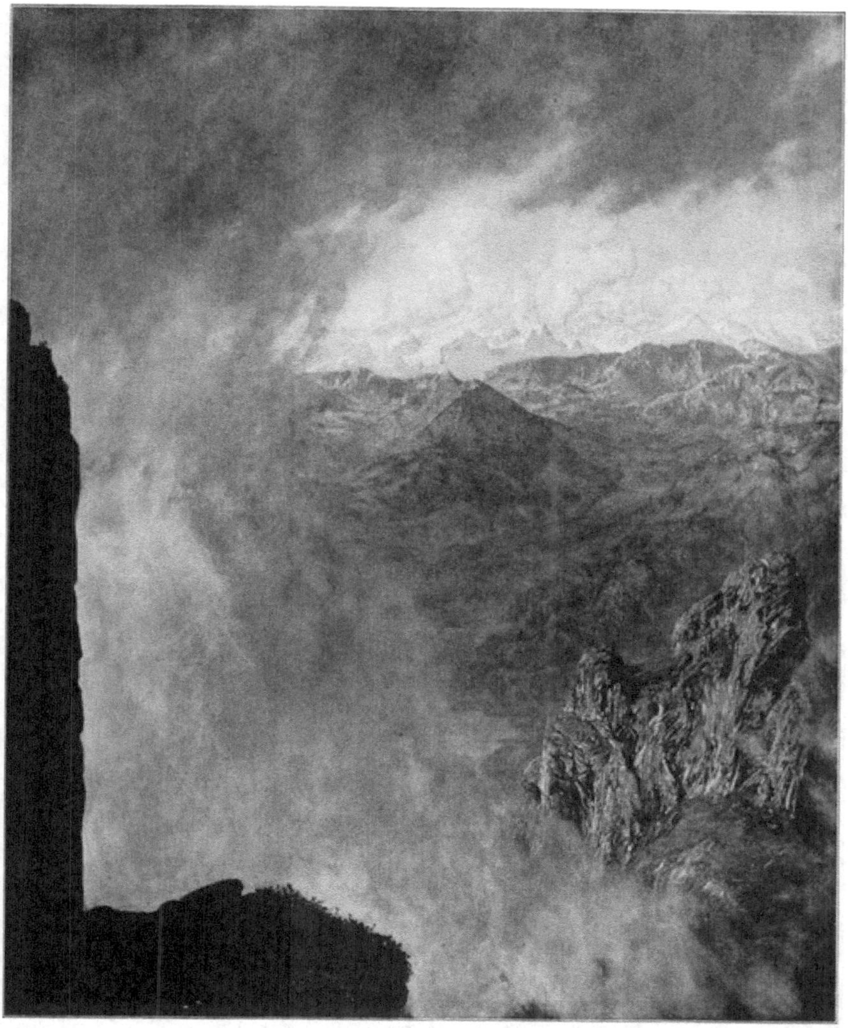

Auf dem Pilatus

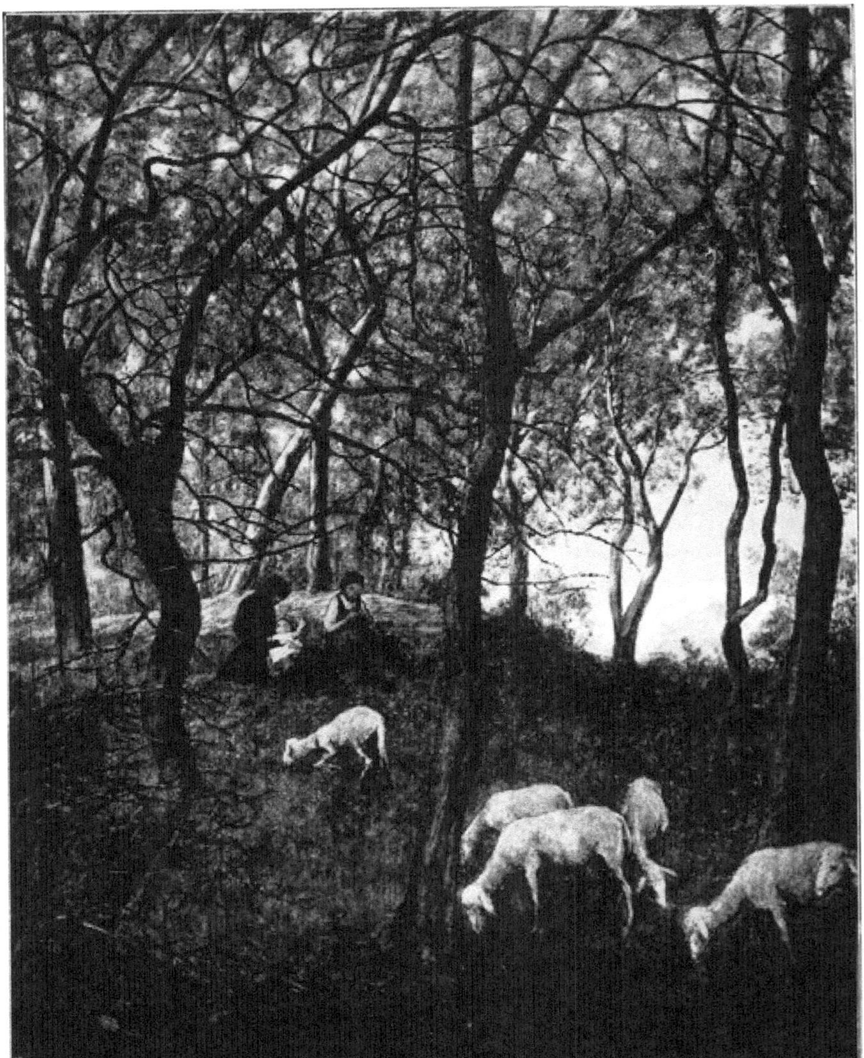

Oberitalienischer Frühling

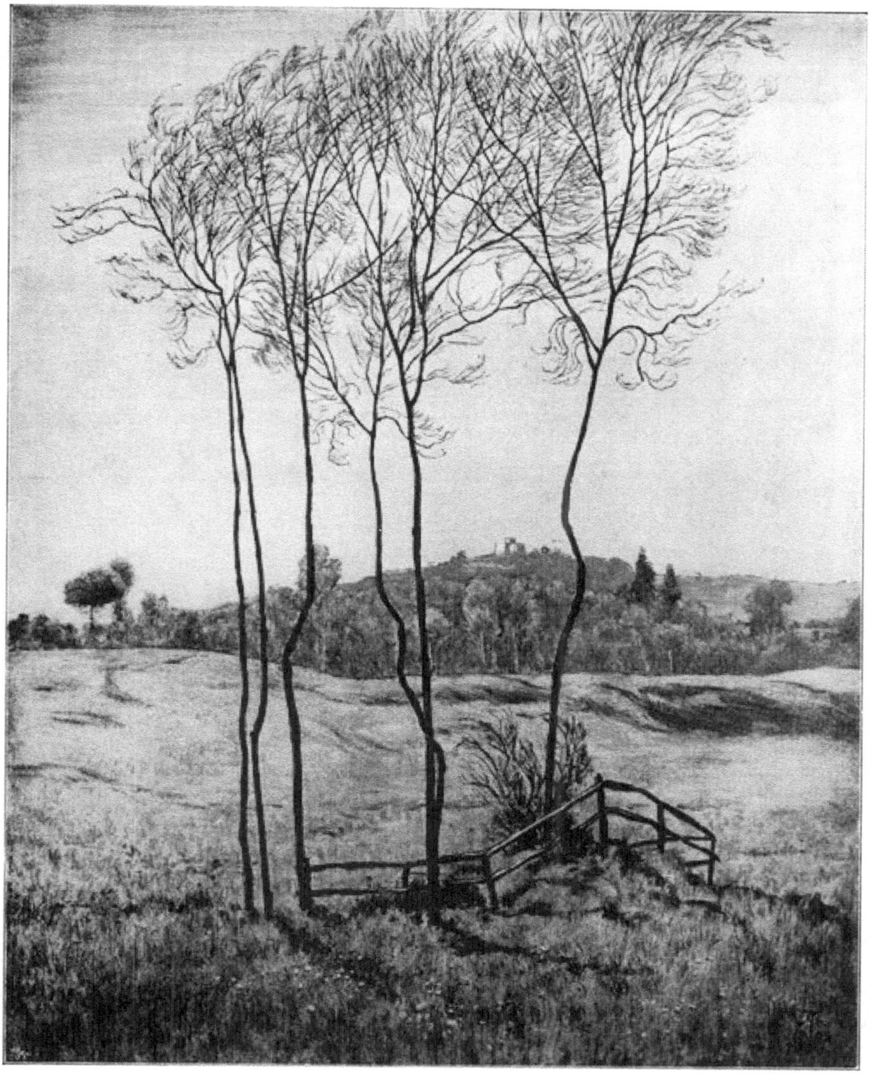

Frühling bei Rom

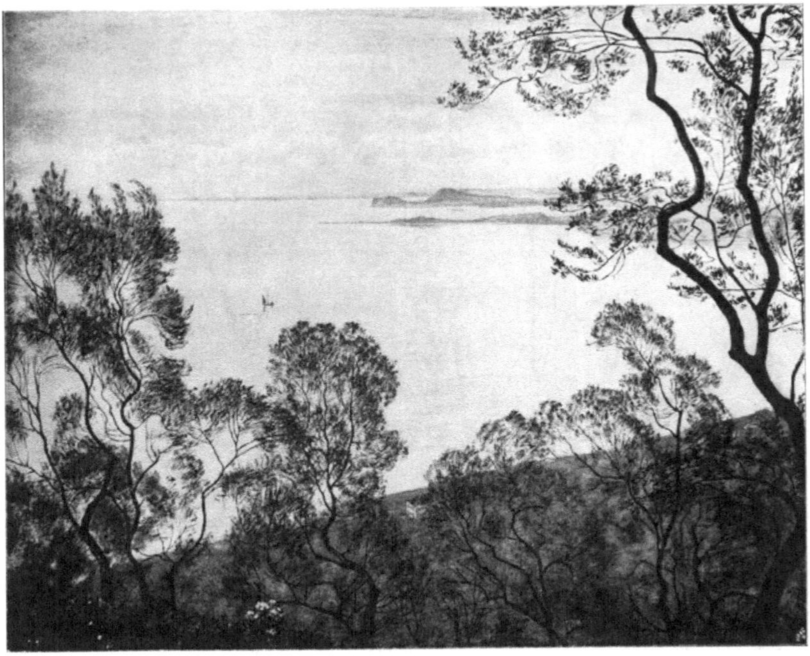

Der Garda-See

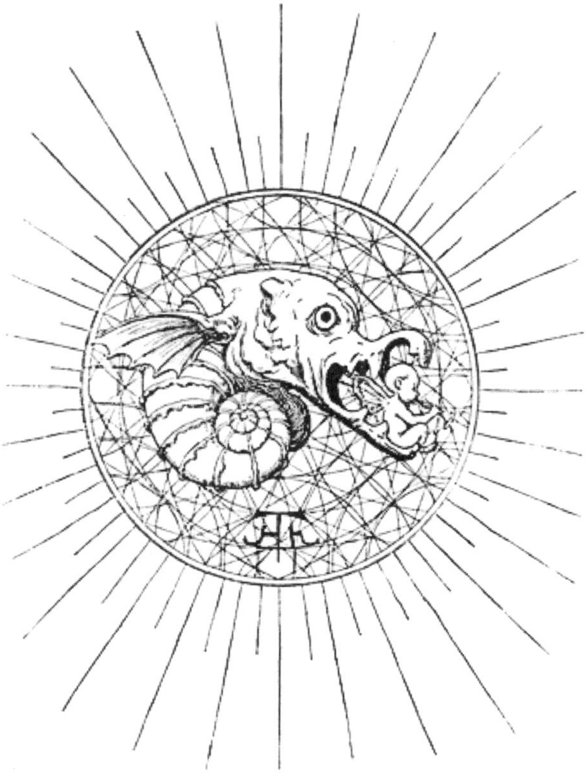

Kind und Schicksal

9 789356 708556

Printed at Repro India Ltd.